CATALOGUE

DE

TABLEAUX ET DESSINS

MODERNES

PROVENANT DU CABINET

D'UN AMATEUR HOLLANDAIS

DONT LA VENTE AURA LIEU

HOTEL DROUOT

SALLE N° 3

Le Vendredi 12 Janvier 1872

A DEUX HEURES PRÉCISES

Par le ministère de **M⁰ ESCRIBE**, Commissaire-Priseur,
rue de Hanovre, 6,

Assisté de **M. Francis PETIT**, Expert, rue Saint-Georges, 7.

EXPOSITION PUBLIQUE

Le Jeudi 11 Janvier 1872, de une heure à cinq heures.

PARIS — 1872

CATALOGUE

DE

TABLEAUX ET DESSINS

MODERNES

PROVENANT DU CABINET

D'UN AMATEUR HOLLANDAIS

DONT LA VENTE AURA LIEU

HOTEL DROUOT

SALLE N° 3

Le Vendredi 12 Janvier 1872

A DEUX HEURES PRÉCISES

Par le ministère de Mᵉ **ESCRIBE**, Commissaire-Priseur,
rue de Hanovre, 6,
Assisté de **M. Francis PETIT**, Expert, rue Saint-Georges, 7.

EXPOSITION PUBLIQUE

Le Jeudi 11 Janvier 1872, de une heure à cinq heures.

PARIS — 1872

CONDITIONS DE LA VENTE

Elle sera faite au comptant.

Les Acquéreurs paieront cinq pour cent en sus des prix d'adjudication.

TABLEAUX

ARTZ

1 — Bergère tenant un agneau sur ses genoux.

DE BANNAS

2 — Fruits. Deux pendants.

BILDERS

3 — Paysage ; soleil couchant.

J. BLÈS

4 — Un quai à Amsterdam.

BLOMMERS

5 — Ménagère hollandaise.

6 — L'Attente ; petite fille de pêcheur.

7 — Jeune Fille de Scheveningue.

BONNEFOI

8 — Marine.

9 — Mare sous bois.

BOUCHEZ (Charles)

10 — Pêcheur et son Enfant sur la plage.

BOURCE

11 — Petits Chanteurs ambulants.

BOURGES (Léonide)

12 — Vue prise aux Longs-Rochers (Fontainebleau).

13 — Vue d'Auvers.

BREST

14 — Souvenir d'Orient.

CAILLOU

15 — Chemin boisé conduisant à un village (Normandie).

CLOUET D'ORVAL

16 — La Mare aux biches.

COUDER (Alexandre)

17 — Jeune Femme feuilletant un album.

COURCY (F. de)

18 — Clarisse Harlow.

COUTURIER

19 — Bertrand et Raton.

DAVID (de Noter)

20 — Légumes et Fruits.

DORCY

21 — Jeune Fille tenant un nid.

DORCY

22 — Jeune Fille tenant des fruits.

23 — L'Été (Pastel).

DUPRÉ (Victor)

24 — Mare sous de grands arbres.

FLERS

25 — Paysage aux environs de Rouen.

FRANÇAIS

26 — Paysage : le repas sur l'herbe.

GUDIN

27 — Un Naufrage.

28 — La Jetée de Boulogne.

29 — Plage semée de rochers ; effet de soleil dans le brouillard.

30 — Côte d'Algérie ; pirates s'embarquant.

GRIPS

31 — Jeune Dentellière.

HANS

32 — Lisière de bois.

33 — Effet de soleil couchant; un paysage s'étendant à
perte de vue.

HAYAS

4 — Jeune Femme au bain.

HEREAU (JULES)

35 — Vaches buvant à une mare.

HOPPENBROUWERS

36 — Canal hollandais; effet de brouillard.

37 — Le cours du Rhin; effet de nuit.

38 — Environs d'Amersfoort; effets de soleil couchant.

Les figures qui animent ce tableau ont été peintes par
C. Rochussen.

JACQUE

39 — Mare sur la lisière d'un bois.

JACOB

40 — L'heure du rendez-vous.

KLEYN

41 — Canal hollandais animé de bateaux marchands
et de barques.

LAVIELLE

42 — Plage de Berck (Calais).

LEICKERT

43 — Environs de La Haye; soleil couchant.

LINTELO

44 — Après le déjeuner.

MARTIN

45 — Le Pressoir.

46 — L'Oiseau mort.

47 — La petite Paresseuse.

48 — Le petit Modèle endormi.

MAYERHEIM

49 — Ville sur les bords du Rhin.

MOREAU

50 — Jeune Femme lisant une lettre.

NEHLIG (V.)

51 — Corps de Troupe passant sur un pont de bois.

PASINI

52 — Combat entre des cavaliers turcs et persans.

ROOSENBOOM (Marg)

53 — Roses et raisins.

SAUVAGE

54 — Petite Fille allant au marché; effet d'hiver.

SCHEERES

55 -- Soldats dans une hôtellerie.

SCHIEDGES

56 — Vaisseau jeté à la côte.

57 — Bateau du Moordyck.

58 — Pilote allant rejoindre un navire.

SPRINGER

59 — Maison à Enkhuizen (nord-Hollande).

STORTENBECKER

60 — Vache buvant à une mare; pâturage hollandais.

STROEBEL

61 — Dentellières travaillant dans le vestibule d'une maison flamande.

TENKATE (Mary)

62 — Enfants jouant dans un enclos.

TOM

63 — Moutons au pâturage.

64 — Taureau dans la campagne.

VAN BORSELEN

65 — Canal près La Haye.

VAN DEN BERGHE

66 — Paysage et Animaux.

VAN OS (P.-G.) 1832

67 — Taureau hollandais au pâturage.

VERTEN

68 — Marché à Utrecht.

69 — Une Ville de Hollande.

70 — Vue d'Enkhuizen.

VERVEER

71 — Environs d'Amsterdam.

72 — Canal bordant le mur d'enceinte d'une ville de Hollande.

73 — Plage à marée basse.

VERSCHUUR

74 — Le Maréchal ferrant.

WAARDEN

75 --- Prunes, Raisins et Fleurs.

WEISSENBRUCH (J.)

76 — Église près d'Arnheim.

WYNGAERDT (Van)

77 — Chemin dans un bois.

AQUARELLES

ABELS

78 — Environs de Rotterdam.

Aquarelle.

BLÈS (J.)

79 — Vue de Hollande.

Aquarelle.

BLES (D.)

80 — Portrait d'homme.

Sépia.

BLOMMER

81 — Jeune Bohémienne.

Dessin rehaussé.

ROSBOOM

82 — Intérieur d'église.

Aquarelle.

HOPPENBROUWERS

83 — Canal glacé, en Hollande

Aquarelle.

84 — Le Moulin.

Aquarelle.

KRUSEMAN

85 — Famille italienne.

Dessin.

RUYTENBROUWER

86 — Le Marais.

Aquarelle.

LEITEN

87 — Vue d'Edimbourg.

Dessin.

MADLENER

88 — Le Retour du troupeau; soleil couchant.

Sépia.

NOEL

89 — En Vendange.

Aquarelle.

ROCHUSSEN (Ch.)

90 — Habitation de pêcheur hollandais.

Sépia.

SCHELFHOUT

91 — Deux Croquis.

Dessins.

STROEBEL

92 — Intérieur flamand.

Aquarelle.

93 — Vestibule d'une maison hollandaise.

Aquarelle.

VAN HOVE

94 — Vue d'Utrecht.

Sépia.

VERVEER

95 — Bateaux marchands et Barques, à Rotterdam.

Sépia.

96 — Vue de Hollande; effet de brouillard.

Aquarelle.

WALDORP

97 — La Rentrée au port.

Sépia.

WANDERS

98 — Petite Bohémienne.

Dessin rehaussé.

WEISSENBRUCH

99 — Le vieux Pont.

Aquarelle.

Renou et Maulde, imprimeurs de la Compagnie des Commissaires-Priseurs,
rue de Rivoli, 144.   15704

www.ingramcontent.com/pod-product-compliance
Lightning Source LLC
LaVergne TN
LVHW020853200726
843508LV00003B/1191